NOUVEAUX PRINCIPES DE LECTURE

DANS LESQUELS ON TROUVE
L'AVANTAGE D'APPRENDRE A LIRE LE FRAÇAIS ET LE LATIN
EN BEAUCOUP MOINS DE TEMPS
QUE PAR LA MÉTHODE ANCIENNE ET ORDINAIRE
JOINT A LA FACILITÉ
DE DONNER LA LEÇON A PLUSIEURS PERSONNES A LA FOIS

ÉPROUVÉS ET MIS EN PRATIQUE AVEC SUCCÈS PAR PLUSIEURS MAITRES

AUGMENTÉS ET ADOPTÉS

dans les Écoles des Sœurs de Saint-Joseph.

MOUTIERS
LIBRAIRIE CLASSIQUE DE HENRI BLANC
1875

AVERTISSEMENT

SUR LA

LECTURE DU FRANÇAIS

Pour rendre encore plus utiles les principes que l'on donne ici et qui s'emploient, depuis quelque temps, avec le plus grand succès par les Maîtres de lecture, on a fait, dans cette édition, quelques légers changements suggérés par la pratique.

Après chaque leçon, on donne une lecture composée de mots entiers, qui renferme les principes, et qui, outre les avantages de les inculquer toujours mieux, en les appliquant aux mots, a encore celui d'encourager les écoliers qui commencent à goûter, par la lecture de ces mots, le fruit de la peine qu'ils ont eue à apprendre les principes, qui ne contiennent que des sons capables de les dégoûter. On trouve, dans ces petites lectures, l'application de tous les

AVERTISSEMENT.

rincipes nécessaires pour apprendre à lire. Ces mêmes lectures, dont les mots sont séparés par syllabes, ont encore l'avantage d'épargner aux enfants un grand espace de temps qu'ils mettent pour l'ordinaire à épeler (ou, vulgairement, à compter); il faudra donc bien faire attention de ne les point faire épeler, par cette méthode, et, dès la seconde leçon, il faudra leur faire dire tout d'un coup *ba*, et non pas en trois temps *b-a-ba*; il en sera de même de toutes les syllabes renfermées dans les leçons et dans les mots de lecture. Si l'on prend, par exemple, le mot *dimanche*, ne le faites point épeler ainsi *d-i, di, m-a-n, man, c-h-e, che*; faites-leur dire en trois sons, *di-man-che*; cette manière de lire n'est point aussi difficile pour les enfants qu'on pourrait le croire, si on a l'attention de les préparer de la manière suivante: Avant de leur faire lire les leçons, demandez-leur plusieurs syllabes de la leçon qu'ils doivent lire, sans les leur faire voir, en leur disant: *b* avec *a*, quel son fait-il? Faites-leur répondre *ba* d'une seule voix; de même pour la quatrième leçon *a* avec *b*, ils répondront *ab*; pour la septième leçon, *bl* avec un *a* fera *bla*, et ainsi des autres sons.

Lorsqu'ils auront lu, et qu'ils sauront bien une leçon, on doit aussi les interroger sur plusieurs syllabes de cette leçon, en leur demandant: Pour faire *ba*, quelles lettres faut-il? Ils doivent répondre : Un *b* et un *a*; ainsi des autres leçons. On peut de même lorsqu'ils seront à la lecture, leur demander les lettres et les sons nécessaires pour former les mots entiers. A l'égard des leçons où les syllabes ne conservent pas le son naturel des lettres, telles que les leçons 5, 8, 10, 11, 12, et quelques syllabes de la 7me, on se contentera de leur faire remarquer les lettres qui composent les sons. Il faut aussi laisser trouver à un enfant, autant qu'il est possible, les sons des leçons et les mots des lectures, même lorsqu'il les lit pour la première fois, quand les leçons sont composées de lettres ou de sons qui lui sont déjà connus ; et, s'il se trompe, on doit l'aider en lui mettant sous les yeux ou lui rappelant les principes précédents.

Il faut avoir la précaution de faire toujours répéter la leçon avant la lecture faite pour cette leçon. On ne doit pas laisser lire un enfant seul, surtout dans le commencement, de crainte qu'il ne prononce mal ses lettres et ses sons et ne les nomme les uns pour les autres.

Il arrive souvent qu'un enfant ne connaît ses lettres que par l'ordre de l'alphabet et ses sons que par rapport à la place où il les voit ; c'est ce qui a engagé de répéter plusieurs fois l'alphabet dans la première leçon, et chaque fois dans un ordre différent.

Mais, quelque utiles que doivent être les principes, il pourrait rester encore à un enfant quelque difficulté que la pratique lèvera bientôt.

AVERTISSEMENT.

Lorsque les écoliers sauront bien ce que contiennent ces principes, on peut continuer à en faire lire plusieurs à la fois ; on leur donnera pour cela, à tous, le même livre ; on en fera lire alternativement un, en chargeant les autres de le reprendre, s'il se trompe, ou le Maître le reprendra lui-même.

ALPHABET

Voyelles :

a e i o u.

Consonnes (1) :

be	que	de	fe	gue	he	je	ke	le	me
b	**c**	**d**	**f**	**g**	**h**	**j**	**k**	**l**	**m**
ne	pe	que	re	se	te	ve	quese	ye	ze
n	**p**	**q**	**r**	**s**	**t**	**v**	**x**	**y**	**z.**

---

(1) La réflexion et l'expérience montrent que cette manière de nommer les lettres donne plus de facilité pour apprendre à lire que l'ancienne.

Pour nommer les lettres, il faudra donner aux consonnes le son naturel qu'elles produiraient si on leur ajoutait un *e* muet à la fin, tel qu'il est marqué en caractères italiques.

Quand un enfant connaît bien les lettres, on lui dira que les *c* se prononcent *se* devant *e* et *i*, que les *g* font *je* devant *e* et *i*, que *s* entre deux voyelles fait *ze*, que le *t* se prononce quelquefois comme *si*, lorsqu'il est suivi d'un *i* et d'une voyelle après *i*, et lorsqu'après le *t* il y a un *i* et un *o*, le *t* fait presque toujours *si*.

Ces principes étant composés pour la lecture du français, il faut donner aux deux voyelles *a*, *o*, lorsqu'elles n'ont point d'accent, le son qu'elles ont ordinairement, comme dans ces mots : *a-mi*, *o-live*.

PREMIÈRE LEÇON.

a b c d e

f g h i j k l

m n o p q

r s t u v x

y z.

Capitales.

A B C D E F G
H I J K L M N
O P Q R S T U
V X Y Z.

Lettres italiques.

a b c d e f g h
i j k l m n o p
q r s t u v x y z.

Voyelles.

a e i o u.

Consonnes.

b c d f g h k l m
n p q r s t v x z.

Alphabet répété plusieurs fois.

b f c g l d h m q e i
j n r u k s o v p x t
y z e d k c r q b h
m n a h u s z i m s
i j t u v z s o l m q
r g b e a c r d a f l
g m r i v h n g c s
x d o s j e p t z b p
b x a u n o p s f r v
y i q t z.

Lettres liées ensemble.

fl ffl fi ffi ff fl ffl fi ffi
ff æ œ w œ œ

SECONDE LEÇON.

e é è ê(*)

(*) Cet accent (é) s'appelle aigu, celui-ci (è) se nomme grave et celui-ci (ê) circonflexe. Il ne faut pas faire passer les écoliers au *ba be*, etc., qu'ils ne sachent bien prononcer ces différents *e* accentués.

Ba	be	bé	bi	bo	bu
Ca	ce	cé	ci	co	cu
Da	de	dê	di	do	du
Fa	fe	fê	fi	fo	fu
Ga	ge	gê	gi	go	gu
Ha	he	hé	hi	ho	hu
Ka	ke	ké	ki	ko	ku
La	le	lê	li	lo	lu
Ma	me	mè	mi	mo	mu
Na	ne	né	ni	no	nu
Pa	pe	pè	pi	po	pu
Qua	que	quê	qui	quo	quu
Ra	re	ré	ri	ro	ru
Sa	se	sé	si	so	su
Ta	te	té	ti (*)	to	tu
Va	ve	vé	vi	vo	vu
Xa	xe	xê	xi	xo	xu

(*) Observez que *ti* fait quelquefois *si* lorsqu'il est suivi d'une autre voyelle, et surtout d'un *o*.

Ya   ye   yé   yi   yo   yu
Za   ze   zê   zi   zo   zu

LECTURE.

Ma da me, li re, sa la de, sa ge, ma ri, â me, ra ce, pi pe, o li ve, me nu, me na-ce, lu ne, ra ve, pa ge, pa-ro le, ju pe, ca ra fe, ca pu-ci ne, a ma zo ne, ga ge, cu ré, ca ba ne, ce ci, a ga the, o ri-gi ne, ju ge, rhu me (*), Do-mi ni que, ca tho li que, ri di-cu le, ba di ne, lo ge, dé lu ge, sa li ve, tu li pe, Nicole.

L'*h* ne se prononce que quand elle est précédée d'un *c*, comme dans *chat*.

TROISIÈME LEÇON.

ia, ie, ié, iè (*), io, ua, ue,
ui, ée.

LECTURE.

Jo lie, cui re, ca va le ri e, hui le, nua ge, ma ri a ge, thé o lo gie, vio le, a mi, ca fe tiè re, ci me tiè re, ri viè re, niè ce, pi tié, fio le, a mi tié, fu mée, co mé die, a na to mie, gé ni e, Ju lie, ma riée, ma la die, rui ne, sui te.

(*) Observez que ces deux voyelles ne forment en quelques mots qu'une syllabe et que dans d'autres elles en forment deux.

QUATRIÈME LEÇON.

ab	eb	ib	ob	ub
ac	ec	ic	oc	uc
ad	ed	id	od	ud
af	ef	if	of	uf
ah	eh	ih	oh	uh
al	el	il	ol	ul
ar	er (*)	ir	or	ur
as	es	is	os	us

LECTURE.

Sac, bec, miel, fiel, car na-
val, vier ge, Sil vi e, bar que,
ur ne, re nard, er mi te, pic.

(*) Observez que *er* se prononce souvent, surtout à la fin du mot, comme s'il y avait *èr*; *bénitier, regarder*.

LECTURE
POUR LES LETTRES DOUBLES (*).

Bo nne, ba ttu, bo ssu, fra pper, a ssu rer, fo ssé.

CINQUIÈME LEÇON.

a e é i o u a e
i i o o u é.
as es és is os us at et
it its ot ots ut ez.

LES SYLLABES DE CETTE LEÇON RÉPÉTÉES PLUSIEURS FOIS.

Ut ot as és ès ez os ots
uts es ès as os us os ut
its ots utz as et.

(*) Observez que, le plus souvent, les lettres doubles se prononcent comme si elles étaient simples.

LECTURE.

Ma te las, re but, ha bit,
De nis, a mas, tu re çus,
é tuis, puits, Ni co las, put,
par lez, ex cès, sots, pot,
fus, fat, a mi tié, fa tui té.

SIXIÈME LEÇON.

(*) a-ze è-ze i-ze o-ze u-ze
ase èse ise ose use.

LECTURE.

Ca mi so le, a mu ser,
Jo su é, ce ri se, va se,
gé né ro si té, cu rio si-

(*) Observez que *s* entre deux voyelles se prononce ordinairement comme *z*.

té, Jé sus, jé sui te, gosier, bap ti sé, é pui sé, o sez.

SEPTIÈME LEÇON.

ble   bre   che   cre   cle   cre
bl   br   ch   chr   cl   cr
que-te dle dre fle fre gle gne (*)
ct   dl   dr   fl   fr   gl   gn
gre   gue   (**)   fe   fle   fre
gr   gue   ail   ill   ph   phl   phr
ple   pre   pse   sque   se   spe
pl   pr   pse   sc   sç   sp
sfe   ste   stre   tte   tr   vle   vre
sph   st   stre   tt   tr   vl   vre

(*) Agnelet.
(**) Paille.

bla	ble	bli	blo	blu
bra	bre	bri	bro	bru
cha	che	chi	cho	chu
cla	cle	cli	clo	clu
chra	chre	chri	chro	chru
cra	cre	cri	cro	cru
cta	cte	cti	cto	ctu
dla	dle	dli	dlo	dlu
dra	dre	dri	dro	dru
fla	fle	fli	flo	flu
fra	fre	fri	fro	fru
gla	gle	gli	glo	glu
gna	gne	gni	gno	gnu
gra	gre	gri	gro	gru
gua	gue	gui	guo	guu
illa	ille	illi	illo	illu
pha	phe	phi	pho	phu

phla	phle	phli	phlo	phlu
phra	phre	phri	phro	phru
pla	ple	pli	plo	plu
pra	pre	pri	pro	pru
psa	pse	psi	pso	psu
sca	sce	sci	sco	scu
sça	sçe	sçi	sço	sçu
spa	spe	spi	spo	spu
spha	sphe	sphi	spho	sphu
sta	ste	sti	sto	stu
stra	stre	stri	stro	stru
tta	tte	tti	tto	ttu
tra	tre	tri	tro	tru
vla	vle	vli	vlo	vlu
vra	vre	vri	vro	vru

LECTURE.

bl. Ta ble, bla sé, blé, bloc, blu te ri e, blu et.

br. Bro der, a bri cot, bras, bra ve, bre bis, bri ser, bra sier, broc, bru ni.

ch. Che val, cha pe let, brocher, bro chu re, char ge, cher cher, choc, ca téchis me, é cor cher.

chr. Chré tien ne, chro no logie, chry sa li de, chrisi tes.

cl. Clo che, clas se, cler gé,

mi ra cle, cli mat, clo porte, clu se.

cr. Cru che, é cri re, cra-
sse, cro chet, cru el,
mer cre di.

ct. A cte, pe cto ral, re-
cti tu de, ca ra ctè re.

dr. Dra gée, per drix, dro-
gue, dru, ca thé dra le,
drap.

fl. Flû te, fla mme, flè-
che, si fflet, fla geo let,
a ffli gé, fluet.

fr. Fro ma ge, fra gi le,
fruit, fri ser, fri pon.

gl. Gla ce, rè gle, é gli se,
glo be, glu.

gn. Bor gne, a gne let, ma-
gni fi que, vi gne, mi-
gno nne, ro ssi gnol.

gr. Gri ve, gre ffier, gra tter,
gru ger, gro tte, gri ffe,
gros.

gu. Gué rir, gui chet, gui-
der, fi gue, ba gue.

ph. Phi lo so phie, Phi lip pe,

phl. Phlé bo to mi ser.

phr. Phra se, phré né sie.

pl. Plu me, pla ce, ap pli-
quer, a pla ti, plo yer, plu ie.

pr. Pru ne, pro bi té, pré,
pra li ne, pri son nier.

ps. Psal mo die, psal miste.

sc. Scri be, sca ri fier, sculpter, e scor te.

sç. Sça voir, sça vant.

sp. Spé cial, spe cta cle.

sph. Sphé ri que, sphè re.

st. Sta ble, stu pi de, ve ste, e sti me, tri ste sse, e stomac.

str. A stre, stra pa sser, strié, stro phe, stru ctu re.

tr. Tri ni té, tri cot, tra ppe, tré pas, tro quer, a tro ce, trui te.

vr. Vi vre, i vraie, a vril, livre, sui vre.

HUITIÈME LEÇON.

ill, aill, ail, eill, eil, euil, euils.

LECTURE.

ill. Fille, juillet, billet, papil-
lotte, quille, habiller.
Excepté certains mots comme
ville, Camille, illustre, etc.
aill. Ba taille, mu raille, paille,
te nailles.
ail. Por tail, tra vail.
eill. O reille, treille, o seille,
a beille, vi eille.

eil. So leil, so mmeil, œil, pa reil, ré veil.
euil. Deuil, cer feuil, or gueil.
euils. Seuils, cer cueils.

NEUVIÈME LEÇON.

am an an ein in in in
am an en ent in ein ain im
oin ien on om ou oulie un oa
oin ien on om ou ouil un oa
oare ô ô eu eu eure ai a-i
oir au eau eu œu eur ai aï
é è è è-ye a-u è
ais ait aient ay aü est.

LES SYLLABES DE CETTE LEÇON RÉPÉTÉES
PLUSIEURS FOIS.

In ain ien ouil ais ait ay im ein eu eur on om ou in an oi eau ai aient ent om on au ai ait ay an est eau aï am ein oin an oir eur ein ouil un œu ien om oi ouil ein.

LECTURE.

an. Man che, gant, gé ant.
am. Ample, gam ba de, chambre.
en. Den telle, en fant, cent.

ent (*) Ils ri ent, mon tent, li-sent, écri vent.

em. Tem pête, en semble.

in. Vin, lin ge, pin çons.

ein. Pein tre, tein dre.

ain. Nain, é tain, de main,

im. Im pos si ble, tim bre.

oin. Oin dre, soin, point.

ien. Mien, chien, an cien.

on. Bon, le çon, se cond.

om. Om bre, nom, plomb.

ou. Sou pe, goû ter, vous.

ouil. Bou llon, moui ller.

un. Lun di, au cun, alun.

---

(1) Faites observer aux enfants qu'à la fin des verbes c'est-à-dire des mots qui expriment qu'on fait quelque chose, *ent* se prononce comme *e* muet.

oi. Boi re, doit, poids.
oir. Sa voir, noir, mi roir.
au. Sau ce, miau ler, haut.
eau. Moi neau, cha peaux.
eu. Feu, Dieu, mi eux.
œu. Œu vre, œuf.
eur. Peur, voleur, su eur.
ai. Rai sin, chai se, pair.
aï. A do naï, haïr.
ais. Tu chan tais, pleu rais.
ait. Il par lait, dor mait.
aient. Ils li saient, man geaient.
ay. Pa ys, jo yeux, lo yal.
aü. Sa ül, É sa ü.
est. Il est, c'est.

———

LECTURE

COMPOSÉE DES MOTS DONT LES SYLLABES NE SONT PAS DÉTACHÉES

Fauvette, sage, rhume, figure, racine, cela, cabane, céleri, pitié, jupe, fumée, cane, olivier, viole, pied, exercice, carpe, miel, humilité, Job, Luc, sorcier, hasard.

Mort, Jeanne, guitare, forteresse, assiette, bonnet, parlez, tu reçus, cuisine, besace, chameau, border, ruse, brosse, charrette, vigne, égratignure, cassonade, caractère, astre, sifflet, rectitude, scélérats, scribe, philosophie, guetter, scier, Philippe, guichet, apprêt, orgue, deuil, soleil, oreille, bataille, fille, fraise, seuil, sommeil, treille, portail, paille, billet, cerfeuil, abeille, réveil, volaille, juillet, tric-trac, accueillir, réveillé, camail, babiller, orfèvre, troquer, salpêtre, hôte, divinité, succès, bâiller, feindre, simple, emmener, enfant, parrain, daim, ceinture, temps, hareng, massepain, intendant, embarras, soupons, goût, soin, secours, font, toujours, bien, bronze, lointain, musicien, moustache, quenouille, cheveux, couteaux, miroir, chacun, gueule, miauler, asseoir, fauteuil, je marchais, ils badinaient, je soupais, ils mangeaient, il est grand, démangeaison, mon cœur, payable, ils mentent, payement, ils écrivent, paysan, il est content, ils chantent, employer, procession, mois, répréhensible, avouer, bal, bail, après, corroyeurs, réflexion, ils s'amusent, médaille.

DIXIÈME LEÇON.

POUR LA LIAISON DES MOTS.

bien-n-utile : mé-za-mis : tro-p-entêté
bien utile : mes amis : trop entêté :
ell-arrive : doi-t-être : so-n-habit
elle arrive : doit être : son habit :
deu-z-épées : l'u-n-et l'autre
deux épées : l'un et l'autre :

gran-t-homme : di-z-écus : trè-z-habile :
grand homme : dix écus : très-habile :
on-enseign-au-z-autres :
on enseigne aux autres :
aprè-z-avoi-r-enseigné : cin-qu-èlèves :
après avoir enseigné : cinq élèves :
ave-qu-esprit :
avec esprit.

LECTURE

POUR LES DIFFÉRENTES LIAISONS

DES MOTS.

Des habits enrichis de diamants et de perles. On n'avait point averti. On ne pouvait y entrer. On parle encore aujourd'hui de cet homme. Elle est assez ouverte. Des ennemis épouvantés. Jusque alors on se taisait. Tantôt il paraissait en l'air. Après avoir enseigné sept heures entières. On nous a dit mal à propos une histoire. Les avares aiment ordinairement. Travaillez avec assez de fruit. Son ami mourut bien avant. Toujours inquiet. Il en a sept à moi, trois à vous, deux à eux. Il est trop aimable.

PREMIÈRE LECTURE DU LATIN.

Cette première lecture n'a d'autres difficultés que celles de faire sentir toutes les lettres dans la prononciation; faites prononcer toutes les lettres comme si elles étaient accentuées.

Titi, tota, pudore, nomini, Domino, tabula, oratio, habeo, benedicite, fidei, generatio, avaritia, præda, pretii, exitu, dixere, reipublicæ, sudavere, necessitas, dimitto, cani, postulare, exitu, mihi, mœstitia, adducta, gratiosa, deserti, maximus, strictè, propterea, dissimulatio, virtute, jejunio, nostra, hac, hic, hæc, hoc, pater, noster, mater, levis, memor, pictor, femur, jecur, ineptias, doces, dies, leges, cœlis, colis, stultitiis, honos, cœlos, latus, potiùs, amat, videat, deprimeret, venit, legit, tot, sicut, velut, pax, tenax, duplex, opifex, nox, crux, forceps, vult, omnes, omnibus, communico.

SECONDE LECTURE DU LATIN.

Pour les sons **an**, **am**, **in**, **im**, **on**, **om**, **un**, qui se prononcent presque toujours en latin comme en français.

Antonius, blanditias, cumulantur, doceant, portans, anceps, fuerint, insero, insidiæ, impar, singulæ, impiè, pondus, frons, consocer, pontifex, aulicus, amplectere, aufero, limpidus, fraudator, causa, simplex, amant.

Lorsque les mots sont terminés par les syllabes
an   am   on   om   in   im,
prononcez :
a-ne   a-me   o-ne   o-me   i-ne   i-me.

An, Satan, lunam, simiam, multum, dæmon, Dagon, delphin, cucumin, legem, sitim, navim, docuerim, non, pelvim, irin, cicadam, Jason.

TROISIÈME LECTURE DU LATIN.

Pour les syllabes **en, em,** qui ont un son différent dans le français que dans le latin.

Prudentiæ, mens, patiendi, ingentia, absentia, sentiamus, emptio, exemptio, exemplo, adempti, legent, mulcent, potens, ridens, respondent.

Lorsque les mots sont terminés par les syllabes **en, em,** prononcez **e-ne, e-me.**

Lumen, semen, nomen, speciem, septem, idem, nationem, noctem, amen, ligamen.

Les syllabes **un, um,** se prononcent **on, om.**

Undes, voluntas, legunt, fondarunt, Burgundiam, undecim, umbra, lumbi, recumbo, possunt, deducunt, columbam.

Lorsque les mots sont terminés par les syllabes **um**, prononcez **o-me**.

Morbum, suum, præsentium, mearum, fundatorum.

Les syllabes **umm**
se prononcent **ome-ne**

Columna, alumnus.

Les syllabes **all ell ill oll ull**
se prononcent **al-le el-le il-lle ol-le ul-le**

Alleluia, allectus, procella, villico, illa, ullius, millibus, ancilla, capillis, illecebra, facillimus, pupilla, molliens, millies.

La syllabe **ch**
se prononce **que**.

Chorus, chrema, chorda, schola, Christus, Anchises, Ezechias, christianus.

La syllabe **gn**
se prononce **gue-ne**.

Agnus, pugna, magno, magnificat, cognomen, agmen, lignum.

Les syllabes **gua, gue, gui, guo, guu,**
se prononcent **gu-a, gu-e, gu-i, gu-o, gu-u.**

Linguas, languent, anguem, sanguis, languidus, arguunt.

Les syllabes **qua, que, qui, quo, quu,**
se prononcent **cua, cue, cui, cuo, cuu.**

Qua, quam, numquam, numquid, undique, equis, requiem, quisque, equus, aliquot, loquuntur, quæ, usque, quem, reliquunt.

LECTURE DES LETTRES MAJUSCULES

UN ÉLÈVE SANS MŒURS EST UN ARBRE SANS FRUIT. — FAISONS CE QUE NOUS DEVONS FAIRE, ET NON PAS CE QUE FONT LES AUTRES. — QUI COMMENCE LE MIEUX, NE FAIT RIEN S'IL N'ACHÈVE. — SOYEZ HUMBLE ET MODESTE AU MILIEU DES SUCCÈS.

CE N'EST PAS OBÉIR QU'OBÉIR DE MAUVAISE GRACE OU LENTEMENT.

PONCTUATION.

Cette figure (,) s'appelle virgule; celle-ci (;) point-virgule; celle-ci (:) deux points; celle-ci (.) point; celle-ci (!) point d'admiration; celle-ci (?) point d'interrogation. On s'arrête tant soit peu pour respirer à la virgule; on s'arrête davantage au point-virgule; encore un peu plus au deux-points; on s'arrête tout à fait au point.

Pour bien lire, observez : 1° Que la voyelle *e* muet se prononce très-peu à la fin des mots.

2° Que l'on prononce comme accentués les *e* lorsqu'ils sont suivis de deux consonnes, comme dans *veste, sienne, ennemi, règle;* lorsqu'ils sont pénultième d'un mot terminé par une syllabe muette, comme dans *sincère, procède, espèce,* et enfin lorsqu'ils se trouvent au commencement des mots, comme dans *étant, estropié, estomac, éventé,* lors même que ces accents ne se trouveraient pas dans le livre.

Acte de foi.

Mon Dieu, je crois toutes les vérités de foi que l'Eglise nous propose de votre part, parce que vous les lui avez révélées, et je me soumets aux ordres de sa discipline, parce qu'elle est conduite par l'esprit de Jésus-Christ, son époux, qui est un esprit de sagesse et de justice aussi bien que de vérité.

Acte d'Espérance.

Mon Dieu, j'espère de la fidélité des promesses que vous avez faites aux hommes, en considération des mérites de Jésus-Christ, votre fils, que vous me donnerez les grâces qui me sont nécessaires pour garder vos commandements en cette vie et que, par ce moyen, vous me rendrez digne de jouir du bonheur des Saints dans la gloire.

Acte de Charité.

Mon Dieu, j'aime mon prochain comme moi-même, pour l'amour de vous.

Acte de Contrition.

Mon Dieu, je me repens, pour l'amour de vous-même, de tous les péchés que j'ai commis jusqu'à présent, et particulièrement aujourd'hui, contre votre divine majesté ; je les déteste de tout mon cœur, parce qu'ils vous déplaisent ; je vous en demande pardon par les mérites de Jésus-Christ, votre fils, et je me propose, moyennant votre sainte grâce, de ne les plus commettre à l'avenir, d'en éviter les occasions et de m'en confesser au plus tôt.

L'Oraison dominicale.

Notre Père, qui êtes aux cieux, que votre nom soit sanctifié ; que votre règne arrive ; que votre volonté soit faite sur la terre comme au ciel ; donnez-nous aujourd'hui notre pain de chaque jour ; pardonnez-nous nos offenses comme nous pardonnons à ceux qui nous ont offensés ; et ne nous laissez pas succomber à la tentation ; mais délivrez-nous du mal. Ainsi soit-il.

La Salutation angélique.

Je vous salue, Marie, pleine de grâces, le Seigneur est avec vous, vous êtes bénie entre toutes les femmes, et Jésus, le fruit de vos entrailles, est béni.

Sainte Marie, mère de Dieu, priez pour nous, pauvres pécheurs, maintenant et à l'heure de notre mort. Ainsi soit-il.

Le Symbole des Apôtres.

Je crois en Dieu, le Père tout-puissant, le créateur du ciel et de la terre, et en Jésus-Christ, son fils unique, notre Seigneur, qui a été conçu du Saint-Esprit, est né de la Vierge Marie, qui a souffert sous Ponce-Pilate, a été crucifié, est mort, a été enseveli, est descendu aux enfers, le troisième jour est ressuscité des morts, est monté aux cieux, est assis à la droite de Dieu, le Père tout-puissant, d'où il viendra juger les vivants et les morts.

Je crois au Saint-Esprit, la sainte Église catholique, la communion des Saints, la rémission des péchés, la résurrection de la chair, la vie éternelle. Ainsi soit-il.

La Confession des péchés.

Je confesse à Dieu tout-puissant, à la bienheureuse Marie, toujours Vierge, à saint Michel Archange, à saint Jean-Baptiste, aux apôtres saint Pierre et saint Paul, à tous les saints (et à vous, mon père spirituel), que j'ai beaucoup péché, par pensées, par paroles, par actions; c'est par ma faute, c'est par ma faute, c'est par ma très-grande faute; c'est pourquoi je prie la bienheureuse Marie, toujours Vierge, saint Michel Archange, saint Jean-Baptiste, les Apôtres saint Pierre et saint Paul, tous les Saints (et vous, mon père spirituel), de prier pour moi le Seigneur notre Dieu.

Les Commandements de Dieu.

1. Un seul Dieu tu adoreras et aimeras parfaitement.
2. Dieu en vain tu ne jureras ni autre chose pareillement.

3 Les dimanches tu garderas en servant Dieu dévotement.

4 Tes père et mère honoreras, afin que tu vives longuement.

5 Homicide point ne seras, de fait ni volontairement.

6 Luxurieux point ne seras, de corps ni de consentement.

7 Le bien d'autrui te ne prendras ni retiendras à ton escient.

8 Faux témoignage ne diras ni mentiras aucunement.

9 L'œuvre de chair ne désireras qu'en mariage seulement.

10 Biens d'autrui ne convoiteras pour les avoir injustement.

Les Commandements de l'Église.

1 Les dimanches messe ouïras et fêtes pareillement.

2. Les fêtes tu sanctifieras qui te sont de commandement.

3. Quatre-Temps, Vigiles, jeûneras et le Carême entièrement.

4. Tous tes péchés confesseras, à tout le moins une fois l'an.

5. Ton Créateur tu recevras, au moins à Pâques humblement.

6. Vendredi chair ne mangeras ni le samedi pareillement.

AVIS
A UN ENFANT CHRÉTIEN.

1. Revenez de l'école à la maison sans vous arrêter par les rues, modestement, c'est-à-dire sans crier ni offenser personne. Au contraire, si l'on vous insulte et que l'on vous offense, endurez-le pour l'amour de Notre-Seigneur, et dites en vous-même : Que Dieu vous donne la grâce de vous repentir de votre faute, et vous pardonne comme je vous pardonne.

2. Gardez-vous bien de jurer, de vous mettre en colère, de dire des paroles sales, de faire aucune action déshonnête.

3. Quand vous passez devant quelque Croix ou quelque image de Notre-Seigneur, de la très-sainte Vierge ou des Saints, faites une respectueuse inclinaison.

4. Quand vous rencontrerez quelque

personne de votre connaissance, saluez-la la première, parce que c'est une action d'humilité.

5. Quand vous entrerez chez vous ou dans quelque autre maison, saluez ceux que vous y trouverez.

6. Quand vous ferez quelque action, faites dévotement le signe de la sainte Croix, avec intention de faire au nom de Dieu et pour sa gloire ce que vous allez faire.

7. Quand vous parlez à des personnes de considération, répondez humblement : Oui, Monsieur ou Madame ; Non, Monsieur, etc., selon que l'on vous interrogera.

8. Si ceux qui ont pouvoir sur vous vous commandent quelque chose qui soit honnête et que vous puissiez faire, obéissez-leur volontiers et promptement.

9. Si l'on vous commandait de dire quelque parole ou de faire quelque action mauvaise, répondez que vous ne le pouvez point faire, d'autant que cela déplaît à Dieu.

10. Quand vous voudrez manger, lavez-vous premièrement les mains; puis dites le Benedicite, ou autre bénédiction, avec piété et modestie.

11. Toutes les fois que vous nommerez ou entendrez nommer Jésus ou Marie, vous ferez une inclination respectueuse.

12. Gardez-vous bien, à table ou ailleurs, de demander, de prendre et de soustraire en cachette, ou autrement, ce qu'on aura servi, et même vous ne le devez pas regarder avec envie.

13. Quand on vous donnera quelque chose, recevez-le avec respect, et remerciez celui ou celle qui vous l'aura donné.

14. Mangez et buvez doucement et honnêtement, sans avidité et sans excès.

15. A la fin de chaque repas, dites dévotement les Grâces, ensuite saluez respectueusement les personnes avec lesquelles vous avez pris votre repas, et remerciez ceux qui vous avaient invité.

16. Ne sortez point de votre maison sans en demander et sans en avoir obtenu la permission.

17. N'allez point avec les enfants vicieux, méchants, car ils peuvent vous nuire pour le corps et pour l'âme.

18. Quand vous aurez emprunté quelque chose, rendez-le au plus tôt et n'attendez pas qu'on vous le demande.

19. Lorsque vous aurez à parler à quelque personne d'autorité, qui sera occupée, présentez-vous avec respect et attendez qu'elle ait le loisir de vous parler et qu'elle vous demande ce que vous voulez.

20. Si quelqu'un vous reprend ou vous donne quelque avertissement, remerciez-le avec humilité.

21. Allez au-devant de ceux qui entrent chez vous pour les saluer.

22. Si quelqu'un de ceux de la maison ou autre dit ou fait, en votre présence, quelque chose de mal à-propos et indigne

d'un chrétien, témoignez par quelque signe la peine que vous en ressentez.

23. Quand les pauvres demandent à votre porte, priez votre père ou votre mère, ou ceux chez qui vous demeurez, de leur faire l'aumône pour l'amour de Dieu; faites-la-leur vous-même lorsque vous le pouvez.

24. Le soir, avant de vous aller coucher, après avoir souhaité le bonsoir à votre père et à votre mère, ou autres, mettez-vous à genoux auprès de votre lit ou devant quelque image, et dites votre prière avec attention et dévotion. Ensuite prenez de l'eau bénite et faites le signe de la sainte Croix sur vous et sur votre lit.

25. Le matin, en vous levant, faites le signe de la sainte Croix, et, étant habillé, mettez-vous à genoux et dites dévotement la prière du matin, ensuite, souhaitez le bonjour à votre père et à votre mère et autres personnes de la maison.

26. Tous les jours, si vous le pouvez, en-

tendez la S^te messe dévotement et à genoux.

27. Quand vous entendrez sonner l'Angelus, récitez-le.

28. Soyez toujours prêt à aller à l'Ecole, et apprenez soigneusement les choses que vos maîtres vous enseignent ; soyez-leur bien obéissant et respectueux.

29. Gardez-vous bien de mentir en quelque manière que ce soit, car les menteurs sont les enfants du démon, qui est le père du mensonge.

30. Surtout gardez-vous de dérober aucune chose, ni chez vous, ni ailleurs, parce que c'est offenser Dieu ; c'est se rendre odieux à tout le monde et prendre le chemin d'une mort infâme.

31. Enfin, tous vos principaux soins, tandis que vous vivez en ce monde, doivent tendre à vous rendre agréable à Dieu et ne le point offenser, afin qu'après cette vie mortelle vous soyez préservé de l'enfer et possédiez la gloire du paradis. Ainsi soit-il.

www.ingramcontent.com/pod-product-compliance
Lightning Source LLC
Chambersburg PA
CBHW060939050426
42453CB00009B/1094